100

infos à connaître

LES SINGES

100 infos à connaître

LES SINGES

Steve Parker
Consultant : Camilla de la Bedoyere

Piccolia

Remerciements aux artistes qui ont contribué
à l'élaboration de ce titre :
Mike Foster – Ian Jackson – Mike Saunders – Kim Thompson
Jurgen & Christine Sohns/FLPA – Mark Newman/FLPA – Photolibrary Group Ltd –
Pete Oford/naturepl.com – PETE OXFORD/Minden Pictures/FLPA – M. Watson/ardea.com –
Gerard Lacz/FLPA – CYRIL RUOSO/JH EDITORIAL/Minden Pictures/FLPA – Simon Hosking/FLPA –
EcoView/Fotolia.com – Photolibrary Group Ltd – CYRIL RUOSO/JH EDITORIAL/Minden
Pictures/FLPA – Getty Images – NHPA/STEVE ROBINSON – Frans Lanting/FLPA
Castrol, Corel, digitalSTOCK, digitalvision, John Foxx, PhotoAlto,
PhotoDisc, PhotoEssentials, PhotoPro, Stockbyte

Sommaire

Des cousins de toutes les tailles

1 **Les singes sont les animaux les plus proches de l'homme.** Les grands singes anthropoïdes (gorille, chimpanzé et orang-outang) sont les plus gros primates. Un chimpanzé mâle adulte atteint 65 kg, un orang-outang 100 kg et un gorille 200 kg ! Le plus petit est le ouistiti pygmée d'Amazonie avec un poids maximum de 200 g. La plupart des autres singes pèsent moins de 10 kg.

▶ Les doucs se rencontrent au Viêt Nam et dans le sud de la Chine. Leur fourrure mue deux fois par an. Elle leur permet de survivre aux longs hivers enneigés. Ils vivent en petits groupes d'une dizaine d'individus.

Qu'est-ce qu'un primate ?

2 **Les primates sont, avec les dauphins et les éléphants, des animaux dont le cerveau est très développé.** Ils sont doués d'intelligence et peuvent trouver de nouvelles techniques – pour chasser par exemple – et les enseigner à leurs petits. Il existe environ 150 espèces de primates dont l'homme.

3 Les primates sont des mammifères : ils ont une colonne vertébrale, sont à sang chaud et les femelles allaitent évidemment leur petit. L'homme est le seul primate qui se tient debout sur ses jambes même si certains grands singes peuvent se relever pour esquisser quelques pas sur les pattes arrière.

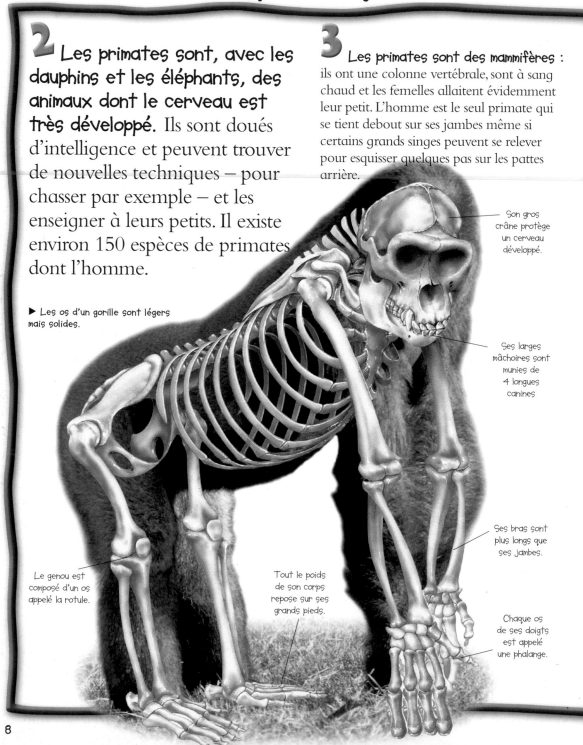

► Les os d'un gorille sont légers mais solides.

Son gros crâne protège un cerveau développé.

Ses larges mâchoires sont munies de 4 longues canines

Ses bras sont plus longs que ses jambes.

Le genou est composé d'un os appelé la rotule.

Tout le poids de son corps repose sur ses grands pieds.

Chaque os de ses doigts est appelé une phalange.

4 Contrairement à la plupart des animaux, les primates ont de grands yeux à l'avant de la tête. Ils peuvent ainsi voir distinctement et en trois dimensions ce qui se trouve en face d'eux. Tous les « vrais singes » ou simiens distinguent les couleurs. En règle générale, les primates sont des animaux arboricoles, c'est-à-dire qu'ils vivent dans les arbres et sautent de branche en branche.

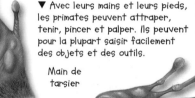

▼ Avec leurs mains et leurs pieds, les primates peuvent attraper, tenir, pincer et palper. Ils peuvent pour la plupart saisir facilement des objets et des outils.

Main de tarsier

Pied de tarsier

Main de singe–araignée

Main de chimpanzé   Pied de chimpanzé

Pied de singe–araignée

5 Les primates vivent généralement en petits groupes familiaux ou entre jeunes mâles. Pour communiquer entre eux, ils utilisent différents moyens : les cris, les odeurs, le toucher et les mouvements de leur corps. La plupart des petits restent avec leur famille jusqu'à ce qu'ils soient totalement autonomes.

▶ Les plus répandus des babouins sont les babouins des savanes. Ils sont très sociaux mais la hiérarchie entre les mâles est forte et déclenche des bagarres violentes et des départs forcés. Les femelles restent toute leur vie dans le groupe où elles sont nées.

6 Les mains des primates ressemblent beaucoup aux nôtres. Contrairement aux autres animaux, la plupart ne possèdent pas de pattes ni de griffes mais des doigts et des ongles plats. Beaucoup se servent de leurs index et de leurs pouces opposables, tout comme l'homme.

Les prosimiens

7 Les prosimiens ou « présinges » comprennent notamment les grands lémuriens de Madagascar, les pottos d'Afrique et les loris asiatiques. Les galagos sont des lémuriens de petite taille. Ces petits primates africains ont un odorat bien plus développé que les simiens. Grâce à leurs grands yeux, ils se déplacent sans difficulté et ne vivent que la nuit. Leur ouïe très fine leur permet de détecter les insectes qu'ils attrapent en plein vol !

▲ Le loris lent se déplace, comme son nom l'indique, au ralenti pour ne pas attirer l'attention des prédateurs. Ceci dit, quand il chasse, il s'approche avec précaution de sa proie et l'attrape d'un mouvement rapide.

▼ De la taille d'un rat, le galago du Sénégal mesure 10 à 15 cm de long sans la queue, mais il est capable de faire des bonds de près de 10 mètres pour aller de branche en branche !

1. Lorsqu'il saute, le galago maintient son corps droit.

2. Puis, il se recroqueville dans l'air, les pattes bien rentrées.

3. En un seul bond, il peut parcourir 10 mètres.

8 Lorsque le galago se sent menacé, il prend la position du boxeur, tout en crachant et en criant ! Territorial, il marque son domaine en trempant les pattes dans son urine pour imprégner les arbres et la terre de son odeur !

▶ Comme chez tous les prosimiens, la vue est primordiale pour un tarsier. Les immenses globes oculaires qu'il a sur la face lui permettent de voir dans l'obscurité et de se nourrir. Il a également de grandes oreilles qui lui permettent de détecter le moindre bruit.

9 Le loris vit dans les forêts tropicales d'Asie du Sud−Est. C'est un petit animal mesurant moins de 40 cm pour un poids de 2 kg. Comme le galago, il se nourrit, exclusivement la nuit, d'insectes mais aussi d'œufs, d'oisillons et de petits mammifères… Pendant la journée, il dort dans son refuge recroquevillé sur lui-même afin qu'aucun prédateur ne vienne le surprendre.

10 Le tarsier est un drôle de primate. Avec ses énormes yeux, sa tête est presque aussi grosse que son corps. Il a des doigts et des orteils très longs, ce qui lui permet de s'accrocher fermement sur une branche, même à la verticale.

Il peut rester ainsi pendant des heures ! De plus, il a la capacité de voir ce qu'il se passe derrière lui car sa tête peut pivoter à 180°.

4. Contrairement aux autres animaux sauteurs, il atterrit sur ses pattes arrière.

INCROYABLE !

Le galago se nourrit d'insectes mais gratte aussi avec ses dents l'écorce des arbres afin d'en récolter la gomme. Cette substance collante lui reste sur les dents et pour la détacher, il doit passer la langue dessus de très nombreuses fois.

11

Les grands lémuriens

11 Ces primates à longues jambes vivent exclusivement à Madagascar. Cette grande île de l'océan Indien abrite un bon nombre d'animaux que l'on ne trouve nulle part ailleurs. La plupart sont en voie de disparition, en partie à cause de la déforestation.

12 Diurnes, les makis catta vivent en groupe de 10 à 20 individus. Ils sont autant à l'aise dans les arbres que sur le sol, contrairement à la plupart des lémuriens. On les reconnaît à leur grande queue annelée de noir et blanc qu'ils maintiennent en l'air en marchant. Ces makis mesurent près de 1 mètre de long, leur queue faisant à elle seule plus de 60 cm !

▼ _ En plus de grimper avec agilité dans les arbres, les makis catta peuvent se déplacer rapidement au sol.

QUIZ

La plupart des lémuriens vivent dans les arbres. Quel est le mot qu'on emploie pour désigner l'endroit où vit un animal ?

1. Habitacle ; 2. Habit ; 3. Habitat

Réponse : 3. Habitat

▼ L'aye-aye se sert de son long doigt pour explorer le creux des arbres et dénicher sa nourriture.

13 Dès sa naissance, le petit lémurien se déplace avec sa mère, agrippé à sa fourrure.

Lorsqu'une femelle passe d'arbre en arbre pour se mettre à l'abri des prédateurs, le petit s'accroche fermement à elle. Il ne faut surtout pas qu'il la lâche une seconde sinon c'est la chute mortelle !

14 Avec ses poils hirsutes et ses grands yeux, l'aye-aye est un drôle de primate.

Il dort le jour dans un nid construit dans les branches et sort la nuit pour manger des insectes et des fruits. Ses grandes oreilles lui permettent d'entendre les scarabées gratter le sol ; son doigt du milieu anormalement long est idéal pour creuser un tronc ou soulever l'écorce d'une branche afin de sortir la larve qui s'y cache !

▶ Également nommés sifakas, les propithèques se tiennent à la verticale pour courir par petits bonds sur leurs pattes arrière. En revanche, pour se déplacer dans les arbres, ils peuvent faire des sauts de près de 10 mètres entre les branches.

15 L'indri, le plus grand des lémuriens, est menacé d'extinction.

Cet animal pacifique possède dans la gorge une sorte de sac qui amplifie sa voix, de telle sorte que ces hurlements peuvent s'entendre à plus de 2 km à la ronde. Longtemps chassé pour sa chair il est aujourd'hui menacé par la destruction de son habitat.

Les tamarins

16 Le tamarin-lion doré est devenu rare à l'état sauvage du fait de la déforestation. Doté d'un pelage roux brillant, ce primate vit dans les forêts tropicales du Brésil. Protégé aujourd'hui dans des réserves naturelles, il est élevé en captivité. On rencontre 11 espèces et une trentaine de races de tamarins dans tout le bassin amazonien.

17 Les tamarins sont des singes apparentés aux ouistitis. De petite taille et pesant environ 450 g, le tamarin possède une longue queue, souvent plus grande que son corps. Se déplaçant avec dextérité dans les arbres, il peut également marcher, courir ou bondir… ce qui lui permet d'avoir une alimentation variée : fruits, insectes mais aussi petits lézards et serpents !

18 Pourquoi les tamarins sont-ils menacés ? Il ne resterait que 400 tamarins-lions à tête noire en vie sur Terre ! Non seulement ils sont victimes de la déforestation mais ils ont souvent été chassés pour être exportés dans d'autres pays. Leur fourrure soyeuse et leur doux caractère en faisaient un bon animal de compagnie. Fort heureusement, c'est aujourd'hui illégal.

◀ Les tamarins-lions dorés vivent en famille, dans des petits groupes de trois à sept singes. Les tamarins et les ouistitis donnent naissance systématiquement à des jumeaux !

19 Les tamarins sont de bons pères de famille... Chez la plupart des animaux, c'est la mère qui s'occupe de ses petits. Mais chez les tamarins, le groupe entier veille sur les bébés. Le père et les autres membres du groupe protègent les jeunes : ils les transportent sur leur dos, les rendant à leur mère pour la tétée.

INCROYABLE !
Le museau du tamarin empereur est entouré de grandes moustaches blanches et recourbées. D'autres espèces ont une couronne argentée, une barbe ou des touffes de poils dans les oreilles.

Communiquer

20 Les singes emploient différents moyens pour communiquer entre eux et savent très bien se faire comprendre ! Certains émettent des cris avec des intonations différentes, d'autres font des gestes ou modifient l'expression de leur visage selon leur humeur.

Visage joueur

◄ Le chimpanzé a les yeux grands ouverts et fait un large sourire, sa lèvre supérieure couvrant les dents du haut. Content, il peut émettre des sons ressemblant à des rires.

Visage inquiet

▲ Le chimpanzé ouvre grand la bouche et montre toutes ses dents. Il pousse de grands cris stridents.

21 Laisser une forte odeur derrière soi est un bon moyen de communication ! Certaines espèces de primates possèdent des glandes odorantes sur le postérieur qui leur permettent de délimiter leur territoire. Ils s'en servent aussi pour indiquer leur âge, leur sexe et enfin, s'ils sont prêts à s'accoupler ou pas.

◄ Si un jeune chimpanzé est ignoré par sa mère, il fait la moue et gémit ou crie jusqu'à ce qu'elle le remarque.

Moue

22 Les couleurs permettent aussi de communiquer. Le mandrill est un babouin assez original. Il se reconnaît à sa face et à son arrière-train très colorés. On essaie d'impressionner comme on peut !

23 Les grands singes savent montrer leur colère par des gestes. Par exemple, les gorilles mâles se dressent sur leurs pattes arrière, se tapent la poitrine avec leurs poings et poussent des cris puissants. De quoi impressionner tout animal en face de lui !

▼ Tout en poussant des cris stridents, le singe hurleur ouvre grand la bouche et montre toutes ses dents. Il possède toute une palette de grimaces pour accompagner les sons.

24 Certains singes émettent des cris dont l'intonation diffère selon ce qu'ils veulent exprimer : la joie, la colère, l'excitation, la protection du territoire… Ces sons peuvent être des grondements, des hurlements rauques ou des cris stridents. Les singes hurleurs sont les primates les plus bruyants !

Dans les arbres

25 C'est sur le continent américain que l'on trouve les seuls singes à posséder une queue préhensile. Les sapajous, les singes-araignées, les singes hurleurs, les singes laineux et les muriquis utilisent leur queue comme un cinquième membre. Hormis chez les sapajous, la face intérieure de l'extrémité de leur queue est sans poils.

26 Proche cousin des singes-araignées, le muriqui, avec ses 11 kg, est le plus gros singe du Nouveau Monde. Il est caractérisé par sa nature paisible et son absence de compétition sexuelle. Ces traits de caractère lui valent le surnom de « hippie » des singes !

27 Le lagotriche est appelé singe laineux tant sa fourrure est dense et douce. Habitant des cimes lui aussi, il vit en petites communautés multimâles d'une dizaine d'individus. D'un tempérament très calme, il a la particularité d'embrasser souvent ses congénères.

▲ La partie de la queue du singe-araignée dépourvue de poils a des petits sillons identiques à ceux de la paume des mains. Elle permet une grande sensibilité au toucher.

28 Les sapajous vivent en grands groupes de 50 membres allant jusqu'à 200 individus.

Comme tous les singes, ils voient en couleur. Cela leur permet non seulement d'évaluer les distances quand ils sautent de branche en branche mais aussi de savoir si un fruit est mûr ou non !

29 Le sapajou est si léger (2 à 3 kg) et agile qu'il peut courir le long d'une branche dont l'épaisseur n'excède pas les 2 cm.

Il doit souvent utiliser la ruse pour se nourrir et ouvrir les noix de palme : avec sa queue, il s'accroche fermement à une grosse branche puis il utilise son corps et ses bras tendus comme balancier pour frapper de toutes ses forces contre le tronc. Il lui faut souvent donner plus de 80 coups avant d'atteindre la graine !

◀ Le sapajou est le singe le plus intelligent d'Amérique du Sud. Opportuniste, il choisit les fruits dont la pulpe est la plus sucrée et la plus facile à digérer.

DANS QUELLE PARTIE DU MONDE ?

Les singes du Nouveau Monde habitent l'Amérique centrale et du Sud. Parmi les pays suivants, quels sont ceux se trouvant sur le continent américain ?
Aide-toi d'un atlas.
Bolivie, Brésil, Ghana, Pérou, Inde, Sri Lanka, Panamà.

Réponse : Bolivie, Brésil, Pérou et Panamà.

▲ Les capucins vivent à la cime des arbres. Cela leur permet de trouver une grande variété de nourriture mais aussi de se protéger des prédateurs.

Les singes-araignées

30 L'atèle ou singe-araignée vit sur le continent américain. Ses bras, ses jambes et sa queue préhensile sont extrêmement longs. Il est appelé ainsi car lorsqu'il saute d'arbre en arbre, ses membres s'étendent tout autour de son corps, le faisant ainsi ressembler à une araignée ! Il est d'ailleurs capable d'exécuter des bonds prodigieux.

31 Quand il se déplace dans un arbre, pas besoin de faire trop d'efforts. En effet, ses membres sont tellement longs qu'il lui suffit de saisir chaque branche avec l'un d'eux. Quand il se sent menacé par un jaguar ou un ocelot, il lui arrive de se laisser tomber et de s'aggriper à une branche plusieurs mètres plus bas. Ainsi, le temps que le prédateur descende, le singe est déjà bien loin !

32 Le singe-araignée se nourrit principalement de fruits mûrs. Pour attraper sa nourriture, soit il court avec une agilité impressionnante le long de la branche où se trouvent les fruits, soit il se pend avec sa queue sur une branche et cueillent les fruits avec ses mains libres.

QUI EST LE PLUS GROS ?

En général, les singes mâles sont plus gros que les femelles. Chez les orangs-outangs et les babouins par exemple, le mâle est deux fois plus gros. Chez les gibbons, la différence de poids entre les deux sexes est minime. En revanche, elle est inversée en faveur des femelles chez les ouistitis et les singes-araignées.

◄ À la cime des arbres, les singes-araignées à mains noires se balancent rapidement de branche en branche et peuvent parcourir ainsi de nombreux kilomètres.

33
Quand il se sent menacé, le singe-araignée pousse des cris stridents. Cet avertissement ne sert pas à effrayer le prédateur mais à indiquer au reste du groupe qu'il y a un danger. Si les membres de la bande sont éloignés les uns des autres, ils émettent des gémissements jusqu'à ce qu'ils se retrouvent.

34
Le singe-araignée a des mains particulières. Alors que de nombreux primates se servent de leurs pouces pour saisir les choses, certains singes-araignées en ont un de taille réduite et d'autres pas du tout ! Cela ne les empêche pas d'être très agiles, et de se servir de leurs longs doigts comme de crochets pour attraper les branches.

Les babouins

35 Tous les singes ne vivent pas dans les arbres. Les babouins, par exemple, passent la plupart de leur temps sur la terre ferme. Ces primates africains peuvent grimper sur les arbres mais seulement pour y dormir. Certains babouins, comme les géladas des hauts plateaux éthiopiens, vivent et dorment sur les grandes falaises qui bordent les plateaux.

INCROYABLE !

Les babouins hamadryas étaient vénérés dans l'Égypte ancienne. Ils étaient dédiés à Thot, le messager des dieux, qui aurait initié les hommes aux arts et à l'écriture.

36 Les babouins ne sont pas d'excellents grimpeurs mais ils nagent très bien. Ceux qui vivent au bord de la mer n'hésitent pas à se jeter à l'eau pour trouver des crabes, des coquillages ou d'autres animaux aquatiques.

▶ Lorsqu'ils se désaltèrent, les babouins sont vulnérables face aux prédateurs. C'est pourquoi ils se dépêchent de boire, et restent toujours sur leurs gardes !

▶ Les babouins fouillent les crottes d'éléphant à la recherche de graines et d'insectes à manger.

37 Pour se nourrir, la plupart des babouins se contentent de ce qu'ils trouvent. Sous un climat sec et chaud, ils peuvent survivre plusieurs semaines en ne mangeant que de l'herbe. Lorsque des essaims de sauterelles sévissent dans la région, ils en gobent des centaines et ne mangent rien d'autre.

▼ Les babouins sont plutôt des animaux agressifs. Pour montrer leur colère, ils ouvrent grand leurs mâchoires, découvrant ainsi leurs longues dents. Les géladas des hauts plateaux éthiopiens ont deux zones triangulaires de peau nue sur la poitrine. Elles sont roses chez les jeunes et rouges vifs chez les adultes. Les mâles adultes, plus grands que les femelles, portent une longue cape de poils sur les épaules et le dos.

38 Le plus gros singe non-anthropoïde est le mandrill. Les mâles peuvent dépasser 50 kg. Le drill, son proche cousin, est beaucoup moins coloré. Ces deux espèces vivent au plus profond des grandes forêts d'Afrique centrale.

39 À la chasse et au combat... Avec leurs membres musclés, leurs immenses canines et leur vive intelligence, les babouins sont de redoutables prédateurs. De la taille d'un grand chien, ils sont capables de courir très vite et d'attraper des mammifères rapides, comme la gazelle par exemple. Les mâles se battent entre eux pour s'approprier des femelles ou devenir le chef du groupe.

Les macaques

40 **Les macaques sont les primates les plus répandus.** Il en existe une vingtaine d'espèces. Seul le macaque de Barbarie ou magot vit en Afrique, les autres sont asiatiques. On les rencontre en Inde et en Asie du Sud-Est. Ils vivent très bien à proximité des hommes et sont d'excellents chapardeurs !

41 **Originaire du nord de l'Inde, le rhésus est l'un des macaques les plus connus.** Non seulement c'est le macaque que l'on voit le plus dans les zoos mais il est capable de vivre n'importe où : les prairies, les forêts, les montagnes jusqu'à 2 500 m d'altitude et même dans les villes !

▲ Le rhésus est considéré comme un nuisible dans les villes car il lui arrive souvent d'entrer dans les maisons pour voler de la nourriture. De plus, il se reproduit très vite et forme ainsi d'immenses populations.

42 **Le macaque crabier vit dans les mangroves d'Asie du Sud-Est.** La nuit, les macaques se blottissent les uns contre les autres sur les branches, de préférence au-dessus des cours d'eau. Dès qu'il y a danger, ils se laissent tomber, plongent et n'ont plus qu'à s'enfuir à la nage !

◄ Le macaque crabier chasse les crustacés, les grenouilles et autres animaux aquatiques dans les mangroves.

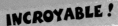
Les macaques possèdent deux petits sacs extensibles à l'arrière de la bouche. Ces poches jugales servent à emmagasiner de la nourriture au moment de la cueillette. Le butin est croqué et avalé plus tard à l'abri !

44 Comme la plupart des primates, les macaques vivent en groupes. La hiérarchie y est très respectée : un mâle dominant, d'autres mâles de rang inférieur, des femelles et enfin les jeunes. C'est le dominant qui s'accouple avec les femelles, décide du chemin à suivre pour trouver de la nourriture, protège le territoire et donne le signal pour aller dormir ! Chez les macaques à toque, il n'est pas rare de voir un singe dominant voler la nourriture dans les poches jugales d'un subordonné !

43 Le macaque japonais est le singe qui vit le plus au nord de notre planète. Doté d'un visage rose vif, ce singe a une épaisse fourrure qui lui permet de résister au froid car son habitat est couvert de neige de nombreux mois par an. Il peut souffler des tempêtes de neige par − 30 °C. Il arrive à survivre dans ces conditions extrêmes en se nourrissant principalement de l'écorce des arbres.

▼ Pour se réchauffer, les macaques japonais se baignent régulièrement dans des sources naturelles d'eau chaude à près de 43 °C recueillie dans des bassins de pierre.

Vraiment particuliers !

45 Certains singes possèdent des visages dont les expressions ressemblent un peu aux nôtres. En revanche, d'autres ont franchement un air bizarre !

46 Reconnaissable à sa tête anguleuse, le colobe a été la cible des chasseurs pendant des centaines d'années pour son long pelage noir et blanc. Il marque son territoire en arrosant sa queue touffue d'urine en se promenant d'arbre en arbre pour y laisser son odeur.

47 Le nasique de Bornéo est un singe étonnant. Il porte bien son nom car « nasique » signifie en latin « au grand nez ». En effet, le mâle adulte possède un énorme nez plat qui lui tombe sur le menton et peut atteindre 10 cm de long ! Le singe s'en sert évidemment pour reconnaître les odeurs mais aussi comme caisse de résonance pour amplifier ses cris ou encore pour attirer les femelles.

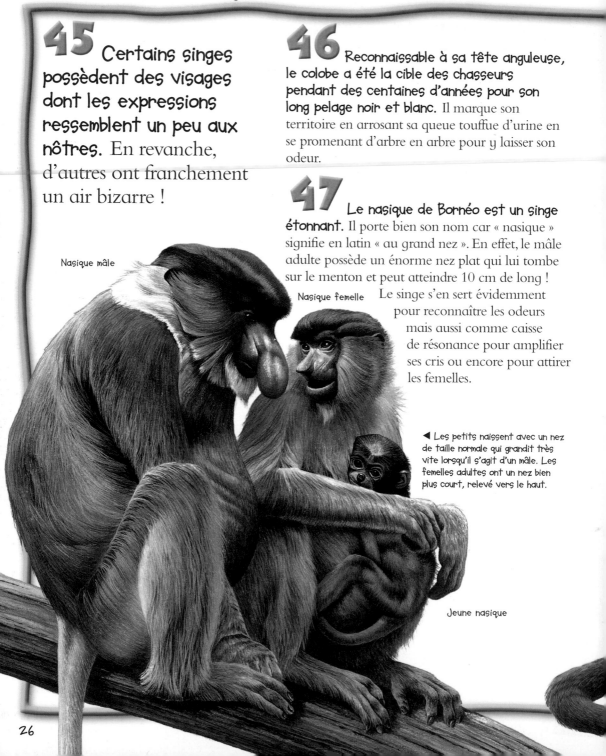

Nasique mâle

Nasique femelle

◄ Les petits naissent avec un nez de taille normale qui grandit très vite lorsqu'il s'agit d'un mâle. Les femelles adultes ont un nez bien plus court, relevé vers le haut.

Jeune nasique

▶ Malgré leur air peu sympathique, les ouakaris chauves sont timides et pacifiques. Leur pelage abondant les oblige à se toiletter très souvent.

48 Le gélada ne passe pas inaperçu !

Son visage expressif est allongé et ses narines se trouvent au milieu du museau, et non au bout comme chez la plupart des singes. Sa fourrure brune contraste avec les taches rouges de peau nue qu'il a sur la poitrine. La femelle possède deux tétines tellement rapprochées que le bébé peut téter les deux pratiquement en même temps !

49 Les ouakaris chauves, comme leur nom l'indique, n'ont aucun poil sur la tête ! De couleur
rouge, celle-ci contraste avec leur long pelage brun-roux qui commence juste derrière les oreilles. Ils vivent en groupes multimâles d'une trentaine d'individus dans les forêts tropicales sud-américaines.

50 Les cercopithèques de Brazza ont un petit air intelligent avec leur barbe blanche parfaite, leurs sourcils foncés et leur couronne
orange. Ces singes africains qui vivent dans les forêts tropicales se nourrissent de fruits, de fleurs, de graines, de feuilles et de lézards. Ils s'appellent les uns les autres en poussant des cris tonitruants.

◀ Le cercopithèque de Brazza est calme et discret. Son groupe est familial, c'est-à-dire qu'il ne comprend qu'un couple et leurs petits.

Des êtres intelligents

51 **De nombreux singes sont doués d'intelligence.** Ils sont non seulement agiles de leurs mains mais certains, face à un problème, sont capables d'élaborer des solutions pour le résoudre. Par exemple, ils inventent des outils pour se nourrir comme des pailles à termites, des pierres pour ouvrir les graines… Le bonobo et le chimpanzé sont probablement les singes les plus intelligents.

52 **Beaucoup d'outils existent dans la nature !** Le capucin, par exemple, se sert d'un bout de branche et tape sur les fruits à coquille dure jusqu'à ce qu'elle s'ouvre. Les plus jeunes imitent les adultes mais ils ne sont pas encore assez forts pour y parvenir !

▲ Le capucin utilise un ensemble de techniques pour ouvrir les fruits. Celui-ci se sert d'une pierre qu'il laisse tomber sur la coque d'une amande de palme pour la casser.

APPRENDRE !

Tout ce que nous savons vient de l'enseignement des adultes qui nous ont entourés. Choisis l'une des trois activités ci-dessous et demande à un adulte de te montrer comment faire :

1. cuisiner ton gâteau préféré ;
2. planter une graine et la faire pousser ;
3. siffler.

54 Les singes apprennent très vite.

Les plus jeunes regardent leurs parents et les membres plus âgés de la famille chercher de la nourriture ou utiliser des outils puis les imitent. Cette capacité a été exploitée par des habitants d'Asie du Sud-Est qui ont appris à des macaques à queue de cochon à grimper aux palmiers et à leur jeter les noix de coco !

◀ Les macaques à queue de cochon ont été entraînés pour grimper aux arbres et cueillir des noix de coco. Ils montent aux arbres, attrapent les noix de coco et les jettent au sol.

53 L'homme a réalisé des tests sur les orangs-outangs et s'est aperçu qu'ils étaient très astucieux.

Par exemple, en observant un pêcheur sur une rivière, un singe a pris un long bâton, est monté sur un arbre surplombant l'eau et s'est suspendu d'un bras, l'autre tenant le bout de bois pour attraper le poisson. D'autres orangs-outangs savent empiler des boîtes pour aller chercher un fruit en hauteur, mettre bout à bout des bâtonnets pour en faire une longue baguette ou confectionner une balançoire avec une corde.

▶ Pour se protéger du soleil ou de la pluie, l'orang-outang utilise une grande feuille d'arbre qu'il place au-dessus de la tête !

55 En Arabie Saoudite, les babouins filtrent leur eau !

Ces primates futés creusent des trous assez profonds dans le sol près des points d'eau et attendent que le liquide remonte à travers le sable. Ainsi filtré, il peut être bu car le sol retient les impuretés et les insectes !

En famille

56 La plupart des singes vivent en famille. Les groupes peuvent être composés de deux individus seulement ou de plusieurs centaines ! Sociaux, ce sont des animaux qui savent communiquer : leurs émotions, leurs sentiments, leurs envies… De plus, rester unis leur permet de se protéger les uns les autres !

▶ À la naissance, le jeune babouin s'accroche à la fourrure de sa mère avant même de la téter. Complètement sevré à un an, il ne la quittera définitivement que vers 4 ans pour s'accoupler.

57 Fonder une famille… Les mâles et les femelles se rapprochent pour former une famille. Les singes mâles doivent souvent impressionner les femelles pour les persuader de s'accoupler et doivent parfois se battre avec d'autres mâles. Ce sont généralement les mâles les plus forts et les plus gros qui ont le plus de succès.

58 On appelle gestation la période durant laquelle le petit grandit dans le ventre de sa mère. Après s'être accouplée avec un mâle, la femelle est fécondée — c'est-à-dire qu'un œuf commence à se développer dans son ventre pour devenir un fœtus puis un petit.

Selon l'espèce, le temps de gestation dure entre cinq et neuf mois. Après quoi, c'est la naissance ! Tout comme les humains, les jeunes singes sont complètement dépendants de leur mère.

◀ Pendant leur déplacement, ce petit langur argenté s'accroche fermement à la fourrure de sa mère. Il perdra son pelage orange vif au bout de quelques mois.

59 **Les premiers temps, les petits regardent faire les adultes et apprennent.** Leur mère leur apprend quelles plantes sont bonnes à manger, comment attraper un termite… Pour se témoigner leur affection, les parents comme les jeunes passent des heures à s'enlever un à un les parasites qu'ils ont sur le corps. On appelle cela l'épouillage. Pour de nombreuses espèces, cette séance est très importante car elle resserre les liens au sein du groupe.

60 **Les langurs argentés ont une fourrure grise mais leurs petits naissent avec un pelage orange.** Après quelques mois, la couleur vive s'estompe pour laisser place à des poils gris. Ces singes sont reconnaissables à la petite crête qu'ils ont sur la tête et à leur espèce de moustache grise au-dessus de la bouche.

Les gibbons

Brachiation d'un gibbon à mains blanches (appelé aussi lar) :

1. Avant de lâcher la branche derrière lui, le gibbon saisit celle devant lui avec son autre main.

2. Puis, il lâche la branche derrière lui et se balance en avant.

▲ Acrobate sans pareil, il est capable de se projeter d'un arbre à l'autre en faisant des bonds de 15 mètres et ce, à toute vitesse !

61 Le gibbon est un champion en gymnastique. En se déplaçant de branche en branche, il peut atteindre une vitesse impressionnante. Ce balancement, appelé la brachiation, lui permet d'atteindre les 50 km/h et ce, à 60 m du sol ! Il n'a pas de queue, il doit donc se déplacer à la seule force de ses bras.

62 Le gibbon vit dans les forêts tropicales du sud-est asiatique. Il ne descend presque jamais au sol. C'est le plus petit des singes anthropoïdes : il ne pèse que 5 à 6 kg. Le gibbon n'est pas à l'aise debout sur ses deux jambes mais il peut se dresser sur ses membres postérieurs sur de courtes distances. Il fait cela en général pour agrandir son champ de vision quand une forme l'inquiète au loin.

3. Le gibbon s'apprête à attraper la branche suivante avec sa main libre.

4. Sans s'arrêter, le gibbon se balance de nouveau en avant. N'oublions pas que tout ceci se fait à une vitesse de 50 km/h !

63 Les gibbons sont des virtuoses Ils possèdent le chant le plus mélodieux de tous les singes dont le son est pur et très beau. Chaque couple de gibbons chante en duo matin et soir. Dès l'aube, le concert commence dans toute la forêt. Le mâle entonne un son mélancolique auquel la femelle répond par un grand appel qui va crescendo et monte dans les aigus par une succession de six ou dix notes.

64 Les gibbons sont peu actifs sexuellement. Chaque femelle met au monde un petit tous les deux ou trois ans. Les adultes ne sont sexuellement actifs que plusieurs mois après le sevrage du dernier-né. Les petits sont très dépendants de leur mère pendant la première année. Puis, son parent du même sexe se montre de plus en plus agressif : le temps est venu de quitter la famille !

CŒUR FIDÈLE

Les gibbons, ainsi que leurs cousins les siamangs, sont les seuls singes anthropoïdes à vivre en familles monogames. Il semblerait qu'un couple reste fidèle la vie entière !

Les bonobos

65 **Le bonobo est aussi appelé chimpanzé pygmée.** On le rencontre uniquement dans une région forestière au sud du fleuve Zaïre. Bien que son surnom laisse penser le contraire, le bonobo est à peu près de la même taille que le chimpanzé commun. Ses relations sociales sont très proches des nôtres. Son intelligence est extraordinaire.

▲ Comme la plupart des singes, les bonobos se nettoient mutuellement la fourrure pour se débarrasser des parasites. En s'épouillant, ils se caressent et se montrent l'affection qu'ils se portent. Ainsi, ils renforcent leurs liens au sein du groupe.

66 **Savoir s'exprimer.** Le bonobo communique ses sentiments par de nombreuses expressions du visage et des gestes, qui évoquent d'ailleurs ceux de l'homme. Par exemple, pour demander de la nourriture à l'un de ses congénères, il tend la main paume en avant. Lorsqu'il joue, il émet des sons qui ressemblent à des rires !

67 Contrairement à beaucoup d'autres singes, les liens qui unissent une mère à son petit sont très forts et durent toute la vie. Un jeune bonobo se nourrit exclusivement du lait de sa mère jusqu'à l'âge d'un an. Ensuite, il complète son alimentation de feuilles, d'insectes et de vers de terre mais continue à téter 3 années durant.

◄ Les bébés bonobos ne mangent rien de solide jusqu'à l'âge d'un an. Ils ne boivent que le lait de leur mère.

68 Faire partie d'une famille est primordial pour un bonobo. Les jeunes mâles restent près de leur mère toute la vie alors que les jeunes femelles quittent le groupe pour en rejoindre un autre. Contrairement aux autres groupes de singes, peu de conflits existent au sein des groupes de bonobos qui, chose très rare, sont dirigés par les femelles et non par les mâles !

EN GROUPE

Un clan mené par les femelles s'appelle un groupe matriarcal. Consulte des livres ou Internet pour savoir quels sont les animaux, comme les bonobos, qui vivent en sociétés dominées par les femelles (éléphants, abeilles, bisons…).

69 Le bonobo fascine l'homme et fait l'objet de nombreuses études. En Géorgie aux États-Unis, un bonobo, baptisé Kanzi, est capable de mémoriser 1 000 mots qu'il énonce grâce à un clavier adapté, relié à un ordinateur. Il sait aussi communiquer 200 idées à l'aide d'un tableau de symboles et a inventé 4 sons pour répondre « oui » et désigner le raisin, la banane et du jus ! Au zoo de San Diego, d'autres études ont montré que les bonobos avaient inventé leur propre version de colin-maillard, en se cachant les yeux avec leurs bras et en se déplaçant dans la zone de jeu sans rien heurter sur leur passage !

◄ Comme la plupart des singes, le bonobo marche à 4 pattes mais il se tient debout pour transporter ses aliments d'un point à un autre ou pour traverser les rivières peu profondes !

Les chimpanzés

70 Le chimpanzé (comme l'orang-outang ou le gorille) est notre plus proche parent. 98% de son ADN est commun au nôtre. L'ADN est une molécule présente dans les cellules de tout être vivant. C'est elle qui donne, par exemple, la forme d'une feuille pour un végétal...

71 Il vit dans les forêts d'Afrique équatoriale. Le chimpanzé commun (que l'on appelle ainsi pour le différencier du chimpanzé pygmée ou bonobo) passe 50% de son temps dans les arbres. Il y construit des nids pour dormir. Il peut se balancer de branche en branche avec beaucoup de dextérité, sans pour autant égaler l'agilité d'un gibbon ! Sur le sol, il marche à quatre pattes mais il peut se mettre debout pour avoir les mains libres et jeter des pierres ou autres aux ennemis qui l'attaquent !

◄ Les chimpanzés savent prendre de l'eau dans une feuille pour la boire. Ils sont capables aussi d'en froisser une et l'utiliser comme une éponge pour récupérer l'eau de pluie ou la rosée dans les trous d'arbres.

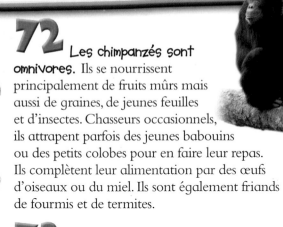

72 **Les chimpanzés sont omnivores.** Ils se nourrissent principalement de fruits mûrs mais aussi de graines, de jeunes feuilles et d'insectes. Chasseurs occasionnels, ils attrapent parfois des jeunes babouins ou des petits colobes pour en faire leur repas. Ils complètent leur alimentation par des œufs d'oiseaux ou du miel. Ils sont également friands de fourmis et de termites.

▲ Redressé, le chimpanzé mâle peut atteindre 1,20 m de haut et peser jusqu'à 50 kg. Les femelles sont plus minces et plus petites : leur poids n'excède pas les 40 kg.

73 **Les termites vivent dans d'immenses nids appelés termitières.** Certaines sont construites en forme de cathédrale pouvant atteindre 6 m de haut ! Inutile de dire que ces insectes sont très difficiles à attraper. Mais, les chimpanzés ont trouvé une astuce pour les piéger à l'aide d'une tige de plante dont ils enlèvent les feuilles.

◀ Les chimpanzés insèrent des tiges dans les termitières et attendent qu'un bon nombre d'insectes s'accrochent dessus. Puis, il ne leur reste plus qu'à retirer la tige et à se nourrir !

74 **Les chimpanzés s'organisent en grandes communautés pouvant aller jusqu'à 100 individus.** Ils se servent de feuilles pour essuyer leur corps ou pour récupérer de l'eau afin de la boire. Cette attitude n'est pas innée et les jeunes n'y parviennent qu'en imitant les adultes. Ces techniques se transmettent de génération en génération !

QUIZ

Chez les singes, les nouveau-nés sont appelés « petits » ou « jeunes ». Peux-tu associer ces animaux à leurs petits dont le nom est particulier ? Chèvre ; éléphanteau ; éléphant ; chenille ; papillon ; poulain ; cheval ; chevreau.

Réponses :
chèvre/chevreau ;
éléphant/éléphanteau ;
papillon/chenille ; cheval/poulain.

Les conflits...

75 Avec son aspect débonnaire, on pourrait croire que le chimpanzé est pacifique et doux. Il n'en est rien ! Il peut être très agressif lorsqu'il s'agit de défendre le territoire de son groupe face aux autres communautés de singes. Les jeunes mâles surveillent même les frontières à la recherche d'intrus.

▼ Un chimpanzé en colère est terrifiant. En ouvrant grand la bouche et en écartant les bras pour paraître plus impressionnant, il fonce sur sa cible... Il peut être très agressif et redoutable. Les chimpanzés mâles comptent parmi les animaux les plus dangereux de la forêt africaine !

76 Lorsque les chimpanzés d'un groupe rencontrent une autre communauté sur leur domaine, ils s'en prennent aux mâles mais aussi aux femelles et aux petits ! Cependant, ils ne se battent pas uniquement pour défendre leur territoire. Parfois, un groupe de chimpanzés peut en attaquer un autre. De cette façon, un groupe fort peut prendre possession d'un clan plus faible.

77 Les chimpanzés tuent pour manger. Ce sont les seuls singes à agir de la sorte. En effet, il leur arrive de se grouper pour chasser et tuer des mammifères de taille moyenne, comme de jeunes babouins, des cochons ou des antilopes.

Vers 1970, Washoe a été le premier chimpanzé à apprendre le langage des signes. Cette femelle connaissait plus de 130 mots qui, combinés entre eux, pouvaient faire au moins 240 phrases !

78 Savoir communiquer permet de travailler ensemble plus facilement... et les chimpanzés savent très bien le faire ! Par exemple, quand un individu trouve à manger, il crie, hurle, tape sur des troncs ou sur le sol avec ses mains pour attirer l'attention des autres membres de son groupe. Lorsqu'il hurle, son cri peut être entendu à un km à la ronde.

79 L'expression du visage, les baisers et les gestes sont aussi utilisés par le chimpanzé pour exprimer ses sentiments. Des individus en captivité ont appris à se servir du langage des signes pour communiquer avec les hommes. En prenant certaines postures ou en faisant des gestes avec leurs mains, ils arrivent à dire qu'ils ont faim, que leur cage est sale ou qu'ils en ont assez d'être embêtés par leur éducateur !

80 Lorsque les chimpanzés d'un même groupe veulent se dire qu'ils s'apprécient, ils se serrent dans les bras, se font des baisers et s'épouillent. Ils se servent de leurs doigts pour parcourir les poils de l'autre afin d'y enlever les saletés, les brindilles, les poux ou autres parasites.

Les orangs-outangs

81 « Orang-outang » signifie « homme des bois » en malais. Ce singe porte très bien son nom car il vit presque exclusivement dans les arbres. De mœurs solitaires, il y passe la plupart de son temps à y rechercher de la nourriture. Bien qu'imposant, c'est un singe paisible.

82 Les orangs-outangs vivent uniquement sur les îles de Sumatra et de Bornéo en Indonésie. Ce sont les plus gros singes arboricoles. Les gros mâles sont les seuls à descendre quelques heures au sol. Tous les soirs, ils fabriquent un nid de branchage dans les arbres pour y passer la nuit.

83 On peut différencier aisément le mâle de la femelle. C'est ce qu'on appelle le dimorphisme. Mesurant près de 1,40 m de haut et pouvant peser 100 kg, le mâle adulte est deux fois plus gros que la femelle. De plus, il a au niveau de la gorge un sac à air qu'il gonfle pour émettre une série de sons gutturaux, audibles à environ 1 km à la ronde.

QUELLE DIFFÉRENCE !

Le mâle orang-outang est très différent de la femelle. Trouve les dimorphismes qui existent entre le mâle et la femelle des animaux ci-dessous :

Le paon ; le daim ; le colvert ; l'éléphant de mer.

84 Malgré son poids imposant, l'orang-outang a de longs membres tout à fait adaptés à la brachiation (déplacement de branche en branche). Les mâles préfèrent vivre seuls alors que les femelles s'organisent en microsociétés avec leurs deux derniers petits. Ils se nourrissent principalement de fruits mais aussi de jeunes pousses et d'insectes.

◄ Pesant 1,5 kg à la naissance, le petit voyage sur le dos ou le ventre de sa mère pendant six mois. Définitivement sevré à 3 ans, il restera avec elle jusqu'à l'âge de 6 ans pour la quitter ensuite définitivement.

85 Les mâles et les femelles ne se côtoient que quelques jours... le temps de s'accoupler. Pour ce faire, c'est le mâle qui invite la femelle à le rejoindre en poussant des hurlements à travers la forêt. Ces singes, comme beaucoup de primates, n'ont pas de saison particulière de reproduction. Ils s'accouplent quand ils en ont envie !

Les gorilles

86 Il en existe trois sous-espèces : le gorille de plaine de l'Ouest, celui de plaine de l'Est et celui de montagne. Ce sont les plus grands primates existant sur Terre : le mâle adulte peut mesurer 2 m et peser 200 kg !

87 Ces trois sous-espèces ont un mode de vie similaire. Africains, ils vivent soit dans les forêts tropicales chaudes et humides, soit dans les zones boisées des montagnes où les températures peuvent être très basses. C'est pourquoi le gorille de montagne se différencie sensiblement des autres par son pelage plus long et plus épais qui le maintient au chaud.

88

Les gorilles demeurent tout le temps par terre, même pour dormir. Seuls les jeunes jouent et dorment parfois dans les branches. Protégés par leur grande taille, ils sont les seuls singes à oser dormir au sol.

89

Malgré son physique imposant, le gorille est un animal timide. Un groupe est composé d'un vieux mâle dominant (appelé dos argenté), de quelques mâles de rang inférieur, de plusieurs femelles et de jeunes. Lorsqu'un intrus pénètre sur le territoire d'un clan, le dos argenté le fixe en grognant. Si cela ne suffit pas, il se met debout et hurle en se tapant la poitrine. Il ne court vers l'indésirable qu'en dernier recours ; il peut alors se servir de ses crocs et de sa force considérable pour le tuer !

◄ Le dos argenté est le chef et le protecteur du groupe. C'est lui qui prend toutes les décisions importantes dans le clan.

▲ Les gorilles aiment se reposer après chaque repas ou la nuit. Ils fabriquent des litières d'herbe et de branchage.

QUIZ

1. Quel est le plus grand primate ?
2. Quel est le plus petit primate ?
3. Comment s'appelle l'île où vivent les lémuriens ?

Réponses :
1. Le gorille ; 2. Le ouistiti pygmée ;
3. Madagascar.

90

Près de deux gorilles sur cinq meurent avant leur premier anniversaire. Certains sont tués par les dos argentés de groupes rivaux. Mais c'est surtout le braconnage qui décime les gorilles, même si celui-ci est interdit et sévèrement puni.

En danger...

91 De nombreux singes dont les grands singes sont en danger critique d'extinction. Cela veut dire que si nous ne faisons rien, les espèces disparaîtront pour toujours dans très peu de temps. Différentes causes expliquent ce désastre mais la plus importante est la destruction de leur habitat. Les hommes saccagent les forêts et les prairies où vivent les primates.

92 En Afrique, les gorilles et les chimpanzés disparaissent car leurs forêts sont détruites pour laisser place aux cultures. Ils ont également souffert de la chasse ces 200 dernières années. À une époque, les Européens partaient en Afrique pour ramener chez eux des trophées ! Aujourd'hui, si la pratique est interdite, des braconniers les tuent encore pour vendre des parties de leur corps en souvenir ou pour les manger.

93 Les forêts où vivent les orangs-outangs sont abattues et transformées en palmeraies. Les palmiers produisent de l'huile utilisée dans les préparations culinaires, la fabrication du savon ou autres cosmétiques et comme carburant pour les véhicules (le biocarburant). D'autres forêts sont détruites pour récupérer le bois et faire des pâturages pour le bétail. Les orangs-outangs sont également chassés pour leur viande par les travailleurs locaux.

◄ Une grande partie des forêts naturelles sur Terre est détruite. On appelle cela la déforestation. Malheureusement, les primates sont menacés à cause de la perte de leur habitat, et ce à des fins commerciales !

94 Pendant de nombreuses années, les singes ont été arrachés à leur vie sauvage pour servir de cobayes. Au niveau génétique et morphologique, les primates sont très proches de l'homme. Les scientifiques testent donc l'efficacité de traitements médicaux ou cosmétiques sur eux avant de les utiliser sur les êtres humains. Aujourd'hui, de nombreux primates sont protégés par des lois interdisant de les sortir de leur milieu naturel.

▶ Comme de nombreux primates, ce petit singe est en cage en Thaïlande, attendant très certainement d'être vendu comme cobaye ou comme animal de compagnie !

95 Il ne reste qu'environ 600 gorilles de montagne à l'état sauvage. On évalue le nombre d'orangs-outangs de Sumatra à moins de 7 000, et près de 400 tamarins-lions à tête noire ont été recensés en 2002. Le risque d'extinction augmente chaque année et leur avenir de certains primates est très compromis.

▲ Se servir des animaux comme bêtes de foire est inutile et cruel. Dans certaines parties d'Asie, les singes sont entraînés pour faire des tours et rapporter de l'argent à leur propriétaire.

INCROYABLE !
Chaque année, des milliers de personnes dans le monde se déguisent en gorille ; ils parcourent 7 kilomètres afin de récolter des fonds pour sauver les derniers gorilles de montagne.

Un plus bel avenir ?

96 Bien que de nombreux primates soient en voie d'extinction, il est encore possible de les sauver. Certains gouvernements réalisent que la protection de toute la vie sauvage (et pas seulement des primates) est primordiale. C'est pourquoi, ils ont créé des parcs nationaux et des réserves naturelles dans lesquels les animaux et les végétaux sauvages sont préservés.

EXPLORONS LA NATURE

Cherche des informations sur l'environnement et la nature qui t'entourent. Découvre le nom des espèces vivant dans ta région et dessine-les. Essaye de trouver :
cinq oiseaux
trois mammifères
quatre arbres
deux fleurs

▼ Jane Goodall est une scientifique qui a passé de nombreuses années à étudier les chimpanzés dans le parc national de Gombe Stream, en Tanzanie (Afrique). En 1977, elle a créé le Jane Goodall Institute, organisation de protection des chimpanzés et de leur habitat.

97 Garder les primates dans les zoos n'est pas idéal mais c'est un endroit où ils peuvent être protégés, soignés et observés. Les scientifiques (vétérinaires, chercheurs…) des zoos s'occupent des primates avec beaucoup de soin. Si les animaux se sentent en confiance, ils ont des chances de se reproduire en captivité, ce qui permettrait à long terme de les relâcher dans leur milieu naturel… une fois celui-ci devenu sûr.

98 L'avenir des primates se trouve entre les mains des hommes qui partagent leur milieu naturel. Généralement, ils sont eux-mêmes si pauvres que veiller sur leur environnement n'est pas leur priorité. Les écologistes apprennent aux autochtones de nouvelles techniques pour les aider à préserver la faune et la flore pour les générations à venir.

▲ À Bornéo, des refuges ont été créés pour préserver et sauver les derniers orangs-outangs.

99 **Les touristes paient pour venir voir des singes dans leur milieu naturel, tout en les respectant.** L'argent récolté aide les aborigènes à vivre. De plus, les habitants du monde entier peuvent ainsi en savoir plus sur ces animaux. On appelle cette activité l'écotourisme.

100 **Les primates méritent d'être sauvés.** Ce sont nos plus proches parents et, pourtant, nous les avons conduits à leur perte. Il est donc de notre responsabilité de réparer les dommages que nous avons déjà causés pour permettre à ces populations si intelligentes de vivre… tout naturellement !

Index